U0096488

上課了！
勞動法
Labor Law
50⁺

林佳和　著 ————————

千里之行始於足下

尊嚴勞動，從你我開始

侯俊良（全教總理事長）

2011年7月11日全國教師工會總聯合會正式成立，有鑑於台灣長期缺乏勞動教育，國人普遍欠缺勞動意識，我們深信唯有不斷教育與宣導，尊嚴勞動的概念才能深植於每位會員及社會大眾心中。

自2012年3月26日第一期全教總會訊出刊，我們就把勞動教育當作重要主題，會訊至今已發行50期，全教總也歷經3位理事長，每期會刊除了有組織政策議題倡議與現場教育資訊外，還有一則林佳和老師主筆的「勞動教室」專欄，持續提供各項與尊嚴勞動相關訊息，內容廣獲會員教師好評。

佳和老師任教於國立政治大學法學院，不僅具有勞動法專業背景，更有豐富的工會組織勞動教育實務經驗，回顧50期勞動教室專欄內容，從第一期「新工會法下的工會組織」起，內容涵蓋工會組織概況、勞資爭議、團體協約、豐富的勞動知識及實用的法律資訊，非常適合彙整成書提供會員及大眾進一步完整認識勞動權益，除強化自身勞權知能，甚至更能讓學生認識尊嚴勞動，亦能提供家人朋友相關勞權知識與保護。

適逢全教總13周年，特別商請佳和老師同意將「勞動教室」集結成書，此處也特別感謝佳和老師對全教總的支持，當我們確定要將勞動教室專欄集結成書時，老師還客氣的說這只是他的隨筆，但只要細讀文字，其實可以看出老師是用很洗鍊的文字講複雜的勞動概念，讀起來完全是淺顯易懂。

　　捧著這本由全教總50期會訊積攢而成，歷時十多年的《上課了！勞動法50+》，相信所有全教總會員，對這本書的出版都會感到自豪。本書不只匯集工會法及勞動法學知識，內容更貼近教師、勞工的實際情境，也凸顯組織對尊嚴勞動價值的堅持與倡議，相信書中內容對讀者會有所啟發，您只要認真閱讀，必有所獲。

　　這幾年勞動教育推動受到更多重視，越來越多尊嚴勞動課程被融入課程中，勞動部也著手設計勞動教材，除了學校課程教材外，勞動教育更應該科普給廣大勞動者及雇主，這也是我們要致力推動的目標；期望本書能成為推動勞動教育的重要教材，激發更多人對這個領域的關注和參與，進而提升大眾對於勞動法規的認識和理解。

　　千里之行始於足下，尊嚴勞動，就從你我開始。我們深切期待本書成為勞動教育的起點，引領更多人投入到勞動教育的行列，讓勞動意識的基本概念深植校園，學校教育任重道遠，全教總與您共同努力。

自序

跟隨教師組織的法普書寫：一段值得註記的旅程

林佳和（國立政治大學法學院副教授）

2011年7月11日，全國教師工會總聯合會正式成立，是《工會法》解禁後第一個成立的教師工會聯合會，全教總的成立補足了六十多年來的人權空白，證明落後的勞動法令，終究無法永遠禁錮社會進步，更象徵教師解除校園解嚴、認同勞動神聖並加入勞動大家庭的決心，個人有幸在台灣教師組織工會歷程中與工會夥伴共同努力，深感榮幸。

改變落伍法律不難，真正難的是，教師工會要如何彌補因為教育戒嚴所遺留的人權空白？值此教育價值混淆，教師專業式微之際，全教總成立以來能秉持教育公共化理念，致力維護師生權益、提升教育品質，表現有目共睹。

2012年3月26日，第一期《全教總會訊》出刊，躬逢其盛，我有幸參與其中，負責勞動教室的撰寫工作，轉眼間，這段旅程已經超過12年，勞動教室也從未缺席於全教總會訊中。

回顧過往，雖然記不起每篇文章的書寫細節和當時的心情故事，但始終記得那份試圖傳達勞動法訊息的初心與思緒。在每次撰稿時，我總是思考著：「潛在的讀者群，特別是老師們，想知道什麼？」這樣的思考讓我感到小小的焦慮，每次完

稿，對於文章與我理想中的效果，或不敢坦言失之千里，但差之毫釐已足以使我感到惋惜。也因為如此，每每提醒自己，下次一定要更針對老師們的需求撰寫，遺憾未必總能如願，無論如何，這段旅程仍然充滿了意義和成就感。

這些年來，勞動教室共撰寫了整整50篇文章，每篇約700字左右，每一則都介紹了一個重要的勞動法概念，也總不忘在最後放入具體建議，算有苦心，雖仍不濟。在這裡，我要特別感謝全教總的夥伴們以及歷任理事長，劉欽旭老師、張旭政老師、侯俊良老師，尤其感謝好友德水老師，他的發想、催促與支持，讓我得以持續進行這項工作。他們對我隨筆風格的包容與理解，使我得以將法律專業內容以普及知識的姿態呈現，隨筆內容不敢就教方家，如引起讀者的興趣，增進大家的理解，已是衷心萬謝。

這些短文能夠集結成冊，離不開全教總諸位好友的叮嚀與支持，再次感謝全教總諸位好友的叮嚀囑咐，竟還願耗費付梓，身為「這條生產線上」可能貢獻最小的我，聊以註記致意，誠摯感謝。希望這本書能夠繼續引起讀者的興趣，幫助更多人理解勞動法的基本概念，這也是我寫作的初衷。

目錄

2. 讓你5分鐘變成勞動法專家，勞動契約應該注意的10件事

3. 上法院！在這之前我們應該知道的勞資爭議SOP

4. ㄟ，工會都在幹嘛？有關工會二三事

5. 團體協約是什麼？工會可以跟老闆簽訂對勞工有利的契約嗎？

1.
你被蒙蔽了嗎？
勞工應該知道的基本權益

（1）女性夜間工作

　　「衡諸女性勞動年齡期間，生育年齡占其大半，女性勞工上述期間，不僅身心健康負荷較諸男性為重，且其母體健康更與下一代是否健全有明顯直接關聯，從而，禁止雇主令女性勞工於夜間工作，以免有違人體生理時鐘之工作安排，影響其身體健康，係基於使社會人口結構穩定，及整體社會世代健康安全之考量」、「出於社會治安、保護母性、女性尚負生養子女之責、女性須照顧家庭及保護女性健康等考量」，在立法者、勞工主管機關的眼中，「雇主不得使女工於午後10時至翌晨6時之時間內工作」，女性夜間工作之禁止，有其正當性，在台灣維繫多年。

　　2021年8月20日，司法院大法官以釋字第807號解釋，宣告勞動基準法第49條第1項之禁止女性夜間工作，違憲，即日起立即失效。大法官認為，女性勞工原則禁止於夜間工作，而男性勞工則無此限制，即便於夜間工作，亦無須工會或勞資會議同意，「顯係以性別為分類標準、對女性勞工形成不利之差別待遇」，而此差別待遇，著眼於前述立法者與勞工機關提出之理由，在大法官眼中，手段與所欲達成之目的間，顯然欠缺實質關聯，無法通過合憲檢驗。

　　誠然，歐洲各國於三十年前的1990年代，逐步廢除禁止女

性夜間工作、這個最早來自於保護女性思維之明文，不論從男女從事夜間工作所需之保護無甚差別、勞動市場之就業機會、乃至於不合時宜之繼續課予女性家庭照顧責任之不當等角度，都無法再繼續支撐獨獨禁止女性夜間工作之禁令。

　　但更重要的，或許是如何站在性別平等的立場，構思對於夜間工作、不分男女，如何更符合人性、顧及勞動者身心健康之形成與限制，建構務實且得以發揮成效的保護機制。禁止女性夜間工作的違憲，不是夜間工作之廣開大門，毫無節制，反而是脫離性別窠臼後，全面認真思索夜間工作適當之限制與保護的開始。

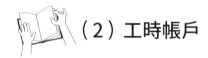

（2）工時帳戶

工作時間彈性化，制度或實踐處處可見。變形工時亦屬彈性化，而在較長實施期間之變形模式上，遂產生所謂工時帳戶。以德國為例，工時帳戶是團體協約與個別勞動契約常見的變形工時：針對特別是工時不固定勞工，實施範圍內每個勞工都有一帳戶，只要工作超出原先約定額度（例如每日8小時，今天工作9小時），則計入「1小時存款」，如少於——不論基於勞工個人需求或企業指示延長，則計入「1小時負債」，或可選擇直接去兌現之前存款，直接扣除。

團體協約或個別契約會約定一「結清時間」，例如半年或一年——所謂「均衡期間」，期間屆至，工時帳戶收支狀態必須歸零，沒有剩餘的工時存款用加班費結算的餘地，不容許，也就是說沒有加班費給付的問題。

工時帳戶是德國人事管理實務上，為符合企業與勞工之時間變動需求，與工會共同發展之彈性工時模式，一方面符合企業生產需要，特別是因應市場不同之變動，彈性而靈活的調整工時，二方面也希望節省原本所要付出的延長工作加給工資，勞工也能獲取更多時間主權，企圖達成雙贏。

工時帳戶仍有其設限：不能逾越每週、每月最高工時上限，當然有例假日，不得連續工作7日以上，不能接受以過勞來

交換雇主或勞工的工時彈性（如勞工想積假），均衡期間結束務必歸零，不能變形到最後只剩下一堆尚未兌現的工時存款，工時帳戶以落實法定正常工時為原則、為目標，不是一昧拼命加班、將法律所容許的最高延長工作上限使用殆盡，「以某些時候毋須工作來交換其他時候充分過勞」——此絕非工時帳戶本旨。

　　2018年3月1日起施行之新勞基法第32條第2項，開放得連續三個月計算一工時帳戶週期，合計最高138小時，每月可衝破現行最高工時之46而至54小時，相較都與歐洲工時帳戶初衷與實踐不同。

（3）職業災害治療終止的復工

　　勞工不幸職業災害發生後，有下列五個階段：事故發生與緊急處理，職業災害認定，治療與補償，治療終止後工作安置，補償與可能的終止契約。實務上爭論不少的，是如何進行治療終止後的工作安置，所謂的復工。

　　勞工職業災害保險及保護法第66條第1項規定，為使職業災害勞工恢復並強化其工作能力，雇主或職業災害勞工得向中央主管機關認可之職能復健專業機構提出申請，協助其擬訂復工計畫，進行職業災害勞工工作分析、功能性能力評估及增進其生理心理功能之強化訓練等職能復健服務，同法第67條進一步明定，經治療終止後，雇主應依復工計畫，協助回復原工作，無法恢復原工作者，經勞雇雙方協議，應按其健康狀況及能力安置適當工作。當然，雇主之復工義務，不是因有災保法制定才發生，而是本於契約使然。

　　與復工相關不同階段中，雇主之不同的義務，著墨不同的重點如下：

1、職業災害發生至醫療期間：雇主工資補償責任、支持與促進義務、保護照顧義務（使勞工為一切必要之醫療）。

2、治療終止、回復原工作：雇主支持與促進義務。

3、得回復原工作：如有必要，加上雇主必要之合理調整義務，不論針對工作環境或勞工工作內容。

4、第三人「協助擬訂復工計畫」：給付行政體系下之職能復健專業機構的介入，相應程序與勞雇雙方的協力義務。

5、事實上復工：依原勞動契約而另行安排非原有工作之其他工作，或按勞資協商或依職能復健專業機構擬訂之復工計畫，另行締結新的契約。

6、於復工階段，對雇主合理調整存有爭議，於原契約內或以新的契約，解決與處理爭議。

7、不能勝任工作之終止契約：如已確無復工可能、對雇主合理調整存有無法解決之爭議、雇主對復工提出困境抗辯，雙方無法另行協議解決者，則可能通往契約的消滅。如何妥適的安排復工，是職災勞工職業重建後的關鍵，必須更嚴謹地加以適用。

（4）企業外行爲義務

　　企業外行爲義務，亦稱爲職務外之行爲義務，性質上爲勞工附隨義務之一，意指勞工於工作外、下班後，不應爲破壞勞動關係所本信任基礎之不當行爲。原則上，勞工個人私生活領域與工作無關，因爲勞動關係僅建立勞工的權利義務，並非全面向地制約勞工的所有生活領域。

　　企業外行爲義務之討論，多半發生在解僱保護，簡言之，勞工於私領域所爲之何種行爲，得以合理化雇主的解僱？即便承認勞工之企業外行爲義務，也不會產生正面積極的、「勞工應於私領域爲一定取向行爲」之義務，只在探討雇主得否以之爲由而終止契約時，方具有意義。

　　參考學理，如勞工於私領域之行爲，具體的涉及影響到勞務給付、同仁間之關係、個人之信賴領域、企業範疇時，方有勞工違反契約上注意義務，並據以解僱的可能。婚外情，特別是同仁間的婚外情，本身不足作爲解僱事由，除非已相當程度影響工作或企業內的合作關係。一些國內外實務案例：銀行分行經理愛上賭場，只要無發現對勞動關係的具體影響，不得予以解僱；女性員工於雜誌上刊登「清涼照」，不得以此爲由終止契約；公部門公務人員的免職，理論與實務上都有較一般私部門勞工來得寬鬆之趨勢，亦即對之有較嚴格的行爲要求：主

張因公務員薪資較低而涉嫌仲介色情交易，可以合理化免職，相對的，德國案例，國小女老師於距離學校70公里之地區，組織運作一換妻俱樂部，被認為尚不足以解僱。

越來越常見的仇恨性言論，考驗各國對企業外行為義務之尺度：將911恐怖攻擊稱為「早該來的正義解放行為」，法院判決因其言論侵害人性尊嚴，解僱沒有問題，但必須承認，爭議仍大。不論如何，只有在例外情況，職務外行為方得作為解僱之事由，勞工對將嚴重影響雙方信任基礎之行為，方有不作為的義務，違反者才有被解僱之餘地。

（5）休息與備勤

　　工作，自然需要休息。「勞工到勤到報離，在雇主所記錄的全部出勤時間，扣掉休息，就是工作時間」，記錄工時，在有無延長工作（加班），是否違反法定最高工時等爭議，往往，休息的認定才是關鍵。

　　休息，法律上，必須理解爲「預先所排定之工作時間的中斷，勞工於此期間內既不工作，亦不需要隨時準備提供勞務，而得完全自由決定利用方式」。可預見的工作時間中斷，預先確定中斷時間長短，以休息爲目的，免除任何形式之勞務義務，包括維持隨時得恢復工作之狀態的義務，滿足這些關鍵特徵：時間可預見性、自由支配性、必須安排於工作時間之內（不可以在開始工作前或結束後），才是休息，不然就算工作。是以，突然跑去吃個小點心或抽菸、一邊吃午餐一邊有人來洽公也要辦、把下午的「休息」排在「下班後」（事實上6點就下班、卻紀錄是7點下班、因爲休息一小時），這些實務常見現象，都不是休息，仍要計入工時。

　　引人困惑的是：休息與備勤如何區別？只要存在著「雖非工作、但屬備勤狀態」，即便看來並非在工作，但仍不是休息。休息不是工時，但備勤卻是。

　　備勤，關鍵在於勞工被要求的程度，描述的是「明顯非

上課了！勞動法50+

處於工作中、未必於直接的工作位置上停留、但必須維持一隨時得展開工作的狀態」。法律上有不少說法描述著備勤：排除法，只要不是完全工作，也非休息，就是備勤，勞工所處之位置、如何要求勞工配合、鬆懈或專注程度為何，在所不問。有認為，應針對具體的勞動契約內容、具體的勞工個人、具體的勞務內容出發，找出備勤內涵。相反的，亦有認備勤與勞動契約內容無關，重點在於一般交易通念，勞工於此時間內之身體、精神負荷程度為何。備勤看來沒做事，但不是休息，仍然是工時，至少是公法上的工時，至於私法上的工時，涉及該如何給薪？能否不必全薪？如依照不同注意程度？則是另外一個問題。

（6）兼任教師

　　專兼任並非法律用語，而是社會生活中用以描述「當事人作爲經濟生存基礎之主要或非主要之不同僱傭勞動」。

　　專任之區別，就社會溝通中，有以下兩項要素：通常用來指涉僱傭勞動；外觀上通常以主要或非主要經濟來源（例如主業與副業）、或是較長（符合一般勞動生活節奏之上午8/9時至下午5/6時區間）相對於較短之勞務時間，作爲區別依據。

　　如果具備第一項要素，第二項特徵於法律關係上便無任何意義，因爲其僅描述一社會觀感上的不同，就勞動關係之存在於當事人間，則無二致。無論社會泛稱之專任或兼任，當事人間均有勞動契約關係之存在，法律上並無「兼任非勞動關係」的必然結論，除非談及的專兼任工作，根本不是指涉從屬性勞工，例如「專兼任的委任關係（醫師、律師、會計師）」、「專兼任的承攬關係（保證成果之一定工作施作人）」。

　　觀察校內的兼任教師，一般而言符合人格與組織上從屬性，包括在學校組織內、依從校方之指揮監督（排課上課與提供服務勞務）、校方對之有一定之懲戒與管理權限（差假管理、上課表現或出勤考核）、通常不得請他人代爲履行等，均與一般勞工無分軒輊。教師相關法令，即便對兼任教師有相較

於專任者之不同規範，並不影響這裡的結論，只是基於某些理由之特別處理的法政策問題。

（7）真實職業資格

　　就業服務法第5條第1項：「為保障國民就業機會平等，雇主對求職人或所僱用員工，不得以種族、階級、語言、思想、宗教、黨派、籍貫、出生地、性別、性傾向、年齡、婚姻、容貌、五官、身心障礙、星座、血型或以往工會會員身分為由，予以歧視；其他法律有明文規定者，從其規定。」

　　現實操作上，勞工身上帶有歧視性指標，則通常簡單釋明有此狀況即可，接下來倒置舉證責任，改由雇主舉證：對勞工的差別待遇，非本於這些歧視性指標，而是有其他實質之職業要求，不構成歧視。例如：在招募時，雇主明示，只限男性或女性，限40歲以下，限信奉某一宗教或隸屬某一政黨團體，視力必須在0.8以上。我國常以美國法「真實職業資格」稱之，雇主在同受憲法保障的經營權、職業自由基礎上，有其正當的、合理且不違反比例原則的，「描繪、規劃與決定」某一特定工作位置內容的權限，法律上不能加以限制或禁止。

　　對特定工作的職業上要求，得以排除違法差別待遇的推定，例如：系爭工作限女性，因為工作是販賣女性內衣，擔任女子三溫暖服務生，則雖以性別作為差別待遇事由，不構成歧視。這並不表示，雇主對特定工作的實質上資格要求，可完全排除法院審查。學理與實務俱認，法院只能審查「是否本於合

法目的」、「目的與職業資格之訂定是否出於恣意」、「目的正當且資格要求是否合乎比例原則」，例如，雇主要求必須為金髮碧眼，與所涉工作，如美語補習班教師，並無工作上之實質關聯，則構成恣意。

雇主提出之職業上要求，必須是「重要且具決定性」者，方足當之，學理上稱「重要性審查」：本於客觀標準，只有客觀上有其必要，才符合重要性要件，而非基於雇主主觀傾向，如常見的雇主主張客戶偏好（customer preferences）：小朋友之家長，希望美語老師是金髮碧眼。

（8）第三人介入雇主地位

　　勞動契約當事人為勞工及雇主，一般情況，不會有第三人介入，法律面或事實面皆然。然而，所謂第三人介入雇主地位，並不少見，大致可區分為垂直與水平之第三人介入：前者，指的是雇主受第三人一定程度「由上而下」影響，包括經營與管理事項，例如與勞工攸關之人事與管理，常見狀況為「雇主為從屬而受其他企業之控制」，例如控股公司、關係企業之控制從屬公司。

　　在後者，常指雇主將專屬之指揮監督權，暫時或持續的移轉予第三人。暫時的稱為真正借用，比方將短暫將勞工借予其他企業使用，至於持續性的，特別是以此為營利者，則稱為非真正借用，即一般所說的勞動派遣，此時雇主僱用之目的，是自己不使用，在勞動關係不變前提下，將勞工提供予第三人使用。

　　在垂直關係的第三人介入雇主地位，嚴格來說名實不符，此時第三人並沒有真正介入雇主原先的地位，只是在法律上或事實上控制著雇主，使勞工受一定影響，例如關係企業內調動，或控制企業做出有害勞工團結權之行為（不當勞動行為），在法律上，「廣義的雇主」概念經常被提出，特別在集體勞動法上，雖然在共同決定或團結權保障上，有所進展，但

一完整的「關係企業勞動法」，仍遙遙無期。

在水平關係的第三人介入雇主地位，勞動派遣自1970年代中期蓬勃發展以來，各國多有因應，常制定法律，以處理派遣勞工勞動條件保障、使用勞動派遣之限制、派遣業之管理等三大問題。由此可看出，「將第三人視為勞工之雇主」，多半在政策上定性為例外，非原則，等於法律上承認第三人之介入雇主地位，只是從其他方面試圖保障派遣勞工之權益，同時思索如何防止勞動派遣濫用而已。在企業組織形式與策略越形多元的當代，「第三人介入雇主地位」，不論垂直或水平，都已發展至法制上必須嚴肅以對的地步了。

（9）就勞請求權

　　在勞動契約上，雇主與勞工都有一些義務群，描述著雙方應有義務。在雇主這方面，除了給付工資的主給付義務外，有所謂提供勞工勞務之義務。常見的問題是，不論基於何種目的，雇主不行使其指示權，亦即不指派勞工特定工作內容，此時產生爭議：勞工得否請求雇主指派工作？雇主得否以勞工未實際工作而剋扣全部或部分工資？

　　後者較無問題，工資請求權不受影響，因雇主未盡其協力，不論在具體情形是否成立雇主受領遲延；麻煩的是前者，日本法稱為就勞請求權，德國法稱為事實上僱用請求權。涉及兩個不同思考：既然勞工工資請求權不受影響，即便因未受指示而無實際提供勞務，有認為勞工並無權利、雇主並無義務指派工作，換言之，「使勞工實際上工作」並非雇主的重要義務。

　　相對的，亦有主張勞務提出涉及勞工人格權，因攸關技術能力之累積提昇與職場生涯之發展，除非雇主顯有困難，否則仍應指示勞工工作。

　　關於就勞請求權，國內法院實務多採否定見解：原則上不許，因關鍵在於工資請求權確保，不在於請求指示並使勞工實際工作，但例外時，如勞工不工作將涉及人格權侵害，如技

上課了！勞動法50+

術能力與職場生涯等面向，則例外准許勞工請求「就勞」，當然，訴訟上攻防與雙方利益調和與衝突，甚至應提供擔保與反擔保，常爭論不休。德國法不同，原則上准許，例外不許，較側重勞工人格權與執行職務，使雇主企業秩序利益退讓，與台灣呈現相反。

教育界迭有「校方故意不排課」所聞，致生教師是否有就勞請求權爭論，如前述，如性質上確為校方故意不行使勞務指示權（「排課」），一方面薪資不受影響，再方面教師得否請求「要上課」？則落入前面的法律爭議中，但不管結論為何，都不會有「因持續不排課而自動走向變更或消滅聘任關係與勞動契約」疑慮。

（10）就業歧視

　　歐洲諺語：平等是人類最神聖的法律，在勞動領域中亦然。不同性別之勞工的同工同值同酬原則，大家耳熟能詳，事實上，在勞動世界中落實平等原則，不論是消極面的歧視禁止，或是積極面的優惠性差別待遇，都相當的重要。

　　在消極歧視禁止方面，就業服務法第5條第1項明文：「為保障國民就業機會平等，雇主對求職人或所僱用員工，不得以種族、階級、語言、思想、宗教、黨派、籍貫、出生地、性別、性傾向、年齡、婚姻、容貌、五官、身心障礙或以往工會會員身分為由，予以歧視；其他法律有明文規定者，從其規定」，亦即在16項歧視指標的建構下，以出生影響、個人發展、自由權行使三個不同面向做區分，禁止雇主為違法之差別待遇。

　　教師身為勞工，亦當有就業服務法就業歧視防治制度之適用。有趣的是，其中有以往工會會員身分之歧視，以致於適用上經常與侵害勞工團結權之不當勞動行為混淆。

　　理論上看來，就業歧視重視的是普遍性的影響，必須要有事實比較，也就是因為工會會員身分，而遭受與其他有類似情況、但卻沒有加入工會之教師勞工的較差對待，但不當勞動行為制度則不然，重視的是直接的侵害，無須有事實比較，個

別考察即可。對於工會會員的歧視，性質上必然為不當勞動行為，但不當勞動行為就未必構成歧視，只要沒有普遍影響或事實比較之可能性。

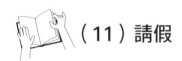

（11）請假

　　勞動生活中耳熟能詳的勞工「請假」，並無一比較準確的學理上定義。

　　勞動基準法第43條規定：「勞工因婚、喪、疾病或其他正當事由得請假」，透過例示的幾種常見「正當事由」，間接地協助社會行動者理解：所謂的請假，應指勞工基於本身與提供勞務原則上無關之事由，依一般社會通念，應屬不可期待勞工仍須提供勞務之情形，因此由雇主免除其工作義務，勞工不涉及違反契約之債務不履行而言。常見之事由，即如婚喪疾病，公私部門勞工一般而言均享有基於此事由之請假權利，不論是本於勞動基準法授權訂定之勞工請假規則、基於教師法授權制定之教師請假規則等，均屬之。

　　既然請假之理解如此，則在適用上，便有幾個層次的不同問題：首先，理由來自於勞工，在此無須論歸責於否，一般而言只要出自勞工領域即可；再者，由於性質上屬於雇主免除勞工之工作義務，所以必須有雇主的同意，但應係「雇主合義務之權利行使」，亦即雇主必須本於誠實信用、一般社會通念與認知、尊重勞工之自由意志等因素，做最小限度之事由考量，未達審查之程度，勞工通常亦僅盡釋明其事由內容之行為義務即可，無須要求證明，必須在彼此的權利義務之間，通往一兼

　上課了！勞動法50+

顧雙方利益、但本於尊重勞工意願之共識狀態。最後，雇主免除勞工之工作義務，則進一步是否同時免除工資之對待給付義務？則屬不同問題。

包括台灣在內的某些國家，透過法律明定特定假別的工資給付內容與方式，例如婚喪假之原領工資、病假之折給一定比例工資等，同時訂有該等假別之最高日數，即為適例，當然，團體協約或其他集體性、甚至個別性約定，均可提高此法定標準。

（12）類似勞工

　　在勞工認定上，雖有人格上、經濟上、組織上從屬性之別，但理論與實務多認為，人格從屬性，必須遵從他方當事人的指揮監督，甚而有受懲戒餘地者，才是判斷是否成立勞動關係，勞動者叫做勞工的關鍵，進一步影響是否適用特定的法律，例如勞動基準法，得否享有特定權利與保障，例如工作時間的拘束、職業災害補償等。

　　在社會上，有不少勞動者，看似並不存在如此人格從屬性，可以自由地面對市場，自行接觸不同客戶與交易對象，決定締約、提供服務與否，在一般法律規則上，多以承攬或委任契約，形成這些勞動者與交易對象的法律關係。然而，如與對方的關係過於密切，例如很高比例訂單來自於同一第三人，則一旦斷裂，將產生類似被解僱的效果，如此之勞動者，受保障之必要性未必亞於一般從屬性勞工。

　　這特別多誕生於1970年代經濟危機時代的勞動市場面貌，諸如不少所謂家內勞動者，漸漸在學理、司法實務，乃至於立法上，產生類似勞工、或有稱類勞工、準勞工之概念，亦即雖不具人格上、但明顯具有經濟上從屬性的勞動者，相對於主要的交易對象（經濟上從屬的對方），居於很接近勞工的地位，進而透過立法，讓適用於一般勞工的某些保障，勞動法的（如

　上課了！勞動法50+

病假給薪、關係消滅之經濟補償），或社會法的（例如勞工保險及其他社會保險），也能適用於類似勞工之上。

　　歐洲許多國家對之均有立法，日本誕生於1980年代的家內勞動法，亦有類似身影，美國勞動市場研究上所稱 independent worker、dependent contractor，獨立的勞工、從屬的自營作業者，從傳統上應然面的從屬的勞工、獨立的自營作業者演變而來，後者所述說的，也是相同的發展。在數位經濟平台當道，在勞動市場上出現越來越多不是典型勞工，卻呈現相同保護必要性的今日，類似勞工，儼然成為立法上必須去思考的問題。

2.
讓你5分鐘變成勞動法專家，勞動契約應該注意的10件事

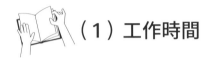# （1）工作時間

　　工作時間與工資，是勞動契約的兩項必要內容，構成勞雇雙方契約最重要目的，在資本主義工業革命發展以來，成為勞動保護兩大內容，對於工作時間設上限，對於工資定最低下限，以保障從屬性勞動者。

　　工作時間為受雇主指揮監督所拘束之時間，可再區分為時間範圍與時間狀態，前者是勞動契約所約定時間長短，如每週40小時，後者是受雇主指示權行使下，實際出勤提供勞務的時間方式，如上下班、加班（延長工作）、免除工作義務（放假），法律對兩者都有一定規範，但也同樣容許某些契約自由與特殊情形的放寬。

　　與實際提供勞務相關連的，還有待命、備勤與召喚時間，待命是工作前必要且連結之準備，備勤指雖非工作、但處於雇主指定地點，隨時準備提供勞務，但又不是待命，召喚則是非處於雇主指定地點，但應於約定召喚後，一定時間內處於提供勞務狀態。至今，待命當屬工作時間，歐盟自2000年後，要求各國法應將備勤納入完全工時，且是一比一計算，召喚則留任勞資特別約定比例折算，以彌補勞工未享有完全時間主權的損失。

　　對於教師，工作時間亦屬重要內容，以德國為例，工時

團體協約是德國教師工會目前主要目標，由教師組成之人事代表會（公立學校）或員工代表會（私立學校），僅能對工時「狀態」為共同決定，工時「長短與範圍」，仍須靠工會與雇主締結團體協約形成，惟協約實務仍少成果，特別在公立學校，仍是以政府法令為準。德國教師有給薪寒暑假，亦有特別休假權，但應於寒暑假行使之，公立學校上課工時雖多依政府法令，但應考量教師工作特殊性，校長並於必要時依情形調整之，私立學校則均依團體協約。

（2）工資與待遇

　　工資是法律概念，待遇是社會生活常見用語，難得一見的唯一交集，可能是公部門受僱者、例如教師待遇條例的法律明文。

　　締結僱傭（勞動）契約，對於勞工而言，最重要的自然是報酬，作爲契約的必要要素（essentialia negotii），同時是雇主的主給付義務，勞工最重要的勞動契約權利。從理論上而言，工資最核心的要素是對價關係，而且給付（勞務工作）與對待給付（工資報酬）間應符合等價關係（Äquivalenzverhältnis），以此展開對於工資的控制，不論是立法、司法或行政。

　　我國勞動法上對於工資的討論，很大程度受制於勞動基準法的奇特規定：工資爲對價與／或其他經常性給與，間接促成對於工資定義的極大爭議：工資是對價加上其他經常性給與？無法認定是否爲對價時，以是否爲經常性來決定？經常性給與才是工資的關鍵內涵，對價只是其他之形式？對價才是工資、經常性給與其實不是，但是勞工對後者還是有請求權？這些混亂的爭論，充斥吾國的理論與司法實務。

　　公部門受僱者的工資與待遇，通常有法令明文，以教師爲例，因應大法官違憲加上某種警告性決定之時限壓力，2015年

底上路的教師待遇條例，即是其例。當然，即便有法律明文規範，並不代表前述有關工資內涵與請求權之爭議，對教師而言毫無意義：相反地，越來越多的浮動型薪資約定，愈發在私立學校看到的集體性降薪與校方單方施壓，乃至於因為變動教師職務內容而牽動的待遇質量變，都深深困擾學校內的受僱者，形成過去難得一見的爭論與行動，這些背景發展都是未來探討此問題的重大挑戰。

（3）合理調整

　　在勞動契約不變的情況下，勞工有無權利，根據個人特殊狀況，有請求雇主為工作上某種調整之權利呢？這個一般所稱「合理調整」（reasonable accommodation）之名詞，常見者為我國在2014年施行法化之《聯合國身心障礙者權利公約》（The Convention on the Rights of Persons with Disabilities, CRPD），根據公約第27條，針對身心障礙者之就業或工作場所，應為「必要之調整與改變」，以使身心障礙者順利地提供勞務，例如提供視障者特殊電腦設備，使其得藉由清晰的播音而閱讀文件，或是智能障礙者得以接收容易閱讀之資訊方式等。

　　在聯合國人權高專的闡釋下，也不免留意到勞工之相對人：合理調整必須對雇主公平，亦即，對個別雇主而言，合理調整必須不困難達成，並非所費不貲。是以，如合理調整係「公平」，則雇主不得拒絕，障礙者對之自享有要求雇主履行之權利。

　　在勞動法學上，也有一類似、但範圍遠超過此公約所述合理調整之權利，通稱為「事實上適當僱用請求權」，也就是說，不是在契約上（＝法律上），而是在不變動契約內容的前提下，雇主應根據身心障礙勞工之個別狀況，對其作適當的、

符合需求之工作上調整，以為「適當僱用」。不僅是前述「硬體設備」，甚而包括得請求符合需求與能力狀況之調整現有工作，如調動至另一已空出而適當之工作位置，考量身心障礙者本人或致他人職業災害風險之特別安排，生產組織與工作時間之適當調整，如夜間工作與待命應避免，輪班勤務班表應為適當安排，必須時得加重其他非身心障礙之同仁的負擔等。

　　發展自身心障礙者勞動法之合理調整概念，也慢慢影響與延伸到面對特殊狀況的一般勞動法，例如疫情期間的居家工作等，勞工亦應得主張某種合理調整，值得注意。

（4）合意終止契約

　　以「將來無法繼續」為由消滅勞動契約，法律稱為終止，如雇主所為，稱為解僱，勞工終止者，自請離職，萬一是雙方合意終止，不論哪一方先要約、哪一方承諾，法律上並無疑問，以契約來消滅契約，不因勞方先提出要約，就變成自己離職，也不會因雇主提出，就儼然解僱。

　　除非法律行為出自詐欺或脅迫，意思不自主，不然，雙方合意終止契約，法所不禁，麻煩的是：勞工事後卻覺得不平。是以，在雙方合意終止，應認雇主有資訊義務，作為附隨義務，拘束雇主應告知勞工有關「合意終止契約帶來之不利益與風險」，實務常見：合意消滅契約，勞工等於放棄企業內自願年金、亦無失業給付可請領等。

　　爭論不休的是：雇主應該提供的資訊，範圍何在？勞工享有特殊的解僱保護，雇主卻不告知，或雇主目前正與工會進行大量解僱協商，也不讓勞工知道，只急著要合意終止。學理上強調「公平協商原則」，雙方協商是否合意終止，不得施壓對方，產生英美法undue influence，不當影響，如知名德國案例：做完大夜班的勞工，早上6點下班、雇主派人10點去敲家門，要求簽署同意離職；勞工被叫去會議室，面對人資部門主管對面坐成一排，疾言厲色，勞方毫無回嘴之力，無任何協商

可能性，只要簽字就好；這些，都被認為違反公平協商原則，構成民法締約上過失，勞工得請求損害賠償，當然，原則上是回復原狀、回到勞動契約仍有效存在之際。

這些原則，同樣適用於：清算契約，終止後一些未來屆至的請求權該如何處理，還有，「雙方不得再提出任何其他主張」的所謂聲明切結，如承諾放棄請求權、放棄提起解僱保護訴訟、放棄企業自願式年金與服務證明書等。這些約定不是合意終止契約本身，但同樣適用前述原則。最後，勞動契約合意終止，有些國家使之直接或類推適用消費者保護，令勞工有撤回權，也值得思考，雖然台灣沒有如此作法。

（5）附隨義務

　　在勞雇雙方的契約關係中，雙方都負有一定之義務，亦即學理上所稱的義務群，包括作爲契約主要目的之主給付義務，例如教師應負教學與其他必要工作之提供義務，學校則相對的給付薪資；其次是有助於契約目的達成之從給付義務，例如學校應提供教師工作之必要協力、投保一定之社會保險等。

　　第三種義務群，一般稱之爲附隨義務，本身雖非契約核心與主要目的，但本於誠實信用，雙方在履行上，必須留意對於他方造成其他的損害。一般而言，雇主之附隨義務大致有：保護義務：保護勞工的生命與健康，保護勞工的人格利益，保護勞工攜至工作場所的物品，保護勞工的財產利益；支持義務：僱用義務，終止勞動關係時的義務；忠誠與照顧義務；保障勞工休養休假義務；其他例如勞工對於企業相關事項的資訊權，閱覽本人之人事檔案卷宗權，企業資深員工社會福利給付權利之資訊權等。

　　至於在勞工方面，則亦有維護雇主利益之不作爲義務，如不得挖角或勸說同仁離職跳槽或其它對雇主有害之影響行爲，可期待情形下之使雇主暨其他勞工避免危害之義務，營業與技術秘密保密義務，廠場上之謹愼義務，不爲傷害企業之言論義務，競業禁止義務等不作爲義務外，亦包括報告、遵守勞工保

護法令、工作障礙及危害通知等積極性之作為義務。例如，包括禁止吸菸（職場安全）、禁止飲酒、接受門禁檢查、遵守規定使用電話等通訊設備、禁止藥癮、穿著規定服裝、避免廠場設施器具工具等損害等注意義務。

雖非主給付義務，看似來自於間接的誠實信用原則，但在當代勞動生活中，雙方附隨義務的違反，仍然，例如雇主之傷害勞工人格權，勞工之破壞雇主名譽等，所在多有，必須清楚劃定其射程範圍，不得任意誇大或輕忽，探索相關義務對於整體關係的重要性，妥適看待。

（6）契約消滅與終止

　　勞動契約之消滅方式與手段，大致上有無效、撤銷、解除與終止四種類型。本於重大的公共利益或善良風俗，在成立契約時已經存在的一定事由，可能使契約自始便無效，例如無聘僱許可之外籍勞工、以性服務爲內容者。

　　如果是因爲當事人於訂立契約時，存在意思自主上的瑕疵，則通常給予當事人一定期間的考慮是否撤銷，例如成立契約的意思表示是受詐欺或脅迫、未成年人締結契約時。基於契約過去履行之不符契約目的與宗旨，當事人亦可行使解除契約的手段，諸如勞工提供之勞務顯然低於中等之債所能期待者。最後，著眼於未來，不論基於雇主經營、勞工個人不能勝任工作、可歸責於勞工的應予懲戒之行爲等理由，

　　無法期待雙方在今後仍繼續維持勞動關係者，則爲終止。

　　雇主之終止，別稱爲解僱，勞工的終止，則多名之自請離職，雙方的合意終止，不論來自於何方的要約，亦當有可能，例如雇主提供之優退方案，只是實務上較爲少見。由於勞動契約是典型的繼續性債之關係，短則數個月、長則數年或甚至數十年，使得在契約消滅的方式上，無效、撤銷與解除都極爲少見，因該等通常必須與契約成立生效時間點有顯然之連結，換言之，契約終止成爲最主要的消滅手段。

我國勞動法採取解僱實質事由原則，即限制雇主之終止契約必須基於法律所容許的一定事由，再加上來自於利益衡量、比例原則要求之最後手段性原則拘束，受到相當的限制，而且法院得嗣後審查其合法性。學校之解聘與不續聘教師，性質上即屬勞動法上的雇主終止，教師法亦設有事由之列舉與限制，同時規範嚴格的解僱程序，其保護強度與密度更勝於一般勞工。

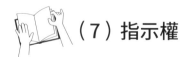

（7）指示權

　　勞動契約是一在成立之時，無從完全清楚確定將來工作內容的法律關係，換言之，即便契約主給付內容–勞工所提供的勞務之基本內容與方向，締約時雙方應有一定共識，然在契約有效期間的每一日，勞工都必須端賴雇主的個別指定其給付內容，在學理上，稱為雇主的指示權。

　　雇主指示權區分為勞動指示權、專業指示權，前者是指提供勞務的工作時間、分派等，後者則是雇主指定勞工就其勞務上專業內容的履行；以教師工作為例，勞動指示權可包括排課時數與科目、擔任一定導護安全工作、學期內與寒暑假到校日期等，相對的，專業指示權則可為教學內容的指定，例如教材或教學與評量方式等。

　　就教師之工作而言，本於教育多元與開放原則，學校所擁有之對教師的專業指示權，應受一定限制，教師法第11條第1項第6款即明定：教師之教學及對學生之輔導依法令及學校章則享有專業自主，亦即應以教師自主為原則、學校干預為例外，判斷標準即屬法定與學校章則。

　　至於在勞動指示權方面，教師法同條項第7款也說：除法令另有規定者外，教師得拒絕參與教育行政機關或學校所指派與教學無關之工作或活動，核心關鍵則在於是否與教學無關。依

上課了！勞動法50+

教師法宗旨與精神，教師上應擁有專業自主權，雖勞務之提供應受雇主指示權拘束，但以作為教師核心任務之教學為主幹，仍然形成對學校指示權的相當限制，方符法制。

（8）無工作、有報酬

　　雇主與勞工締結勞動契約，目的無非一方受領他方勞務的付出，而他方領有報酬，透過契約機制，滿足各自需求。

　　從契約法的一般原理出發，「無給付、無對待給付」，引申到勞動領域，「無工作、無報酬」（no work, no pay）似乎天經地義，勞工如果沒有事實上付出勞務，則雇主理應免除工資給付義務，方為兩平。然而，基於雙方地位之不對等、特別是勞工相對於雇主之人格上、經濟上的從屬性，也當然本於社會保護的觀點，整個勞動法體系充斥著不少例外：勞工雖無工作，但仍可請求報酬，而且原則上是付出原領、應領工資數額，不是什麼底薪或本俸而已。如是可歸責於雇主的受領遲延，勞工已處於可工作的狀態、準備與提出，則雇主拒不受領，工資請求權當然存在。

　　即便是不可歸責於雇主，但雇主陷入生產不能，例如因為機器毀損、火災、能源供應中斷、颱風地震洪水、原料或前階段半成品供應中斷、遭機關勒令停工或強制維修等，理論上多傾向勞工仍得請求薪資給付，不受影響，此即所謂企業危險理論，但國內法院與政府機關常有不同看法。如雇主的生產沒有利益，開門就虧錢，於是拒絕勞工上班，同屬雖無工作、但可請求報酬之情形。

許多法律，明訂「勞工得請求雇主免除工作的義務」，但不影響工資，如雇主終止契約的預告期間、勞工出外謀職，勞工行使公民權（選舉、公民投票），勞工履行公民義務（教召、經法院或檢察官傳喚為證人），來自使勞工休養生息、參與社會生活之目的，如例假日、國定假日、特別休假，來自於勞工個別特殊狀況考量，如產假、病假、事假、婚假、喪假、公假、陪產假、生理假等，當然，特別是在最後的「假」，許多樣態，法律賦予勞工的是請求權，勞工必須請求雇主「免除特定日期的工作義務」，但雇主是否履行（「准假」），常擁有程度不一的審查權，至少是形式審查權（如喪假、婚假、公假），而與法律強制一定免除工作義務的類型，如不待請求的例假日，有不小差異。

（9）雇主詢問權

　　在契約自由下，勞工與雇主都有選擇締約對象的自由，法律上除少數例外，如特殊族群的定額進用，此原則向來不變。當然，勞動關係作爲繼續性債的關係，不只勞務提供這麼單純，往往涉及人格面向，即便工作本身，也難以一時片刻知曉對方準確狀況，不論事求人或人求事，在勞動法上，一般稱爲召募應徵時之契約準備階段，便存在勞資資訊權必須滿足的問題，所謂雙方的資訊利益，爭論就隨之而生。

　　實務上最爲重要者，是雇主對應徵者之詢問權，簡單來說：什麼應該是雇主可以詢問、乃至於蒐集與考量的合法資訊？原則上，必須限於雇主合法、合理與值得保護之利益，例如與勞動關係具有實質關聯性、包括時間上的緊密（不能問小學時品性或數學成績如何）、合目的性等。一般像勞工能力、技術、職業生涯等專業資格，與勞務履行有密切關聯之個人身心狀況與條件，雇主均有合法正當之資訊利益，一經提出，勞工便有忠實告知義務。

　　類型化來看，如勞工罹患對工作有直接影響的疾病，或有對工作履行之開始構成重大障礙的事項，有對其他同仁或第三人（如顧客）會產生明顯危害之情況，勞工不待詢問，甚至有主動告知的義務。然而，爲保障勞工人格權，必須謹慎測定

上課了！勞動法50+

雇主資訊權之合法範疇，例如，除非勞工的身心障礙已構成職業上不可或缺之要件的缺失，亦即「一定身心狀況作為履行勞務之真實職業資格」，否則，雇主即無權探知勞工是否為身障者。

理論與實務上爭論不休的雇主詢問事項，所在多有：何時可以問勞工是否懷孕？可以探知勞工的信仰、宗教、世界觀與政治態度嗎？犯罪前科與現在是否有案在身（如偵查或審判中）重要嗎？學經歷與前份工作薪資一定要講嗎？什麼情形下配偶與家人的財產狀況也必須曝光？這些都須細膩的探究，難以一概而論。

（11）禁止挖角協議

　　企業之間，常見締結禁止挖角協議，亦即兩個以上的雇主彼此約定，相互「不誘使其他雇主所屬勞工終止原來的、改與之締結新的勞動契約」，或甚至「不僱用已從其他雇主離職的前勞工」，不久前國內某知名金融業者的分割，公開標售部分業務，就引起諸多關注。此協議之法律效力為何？是否應解為直接無效？甚至應立法禁止？國內仍無定見，其他國家的差異也不小。

　　以德國法為例，本於契約自由，原則上此協議有效，但不得於訴訟上主張或為抗辯，換言之，即便約定有效，一方也無法請求他方履行。但有例外：如禁止挖角之約定，非為主約定，而是依附於一合法有效的從約定，也就是並非只有禁止挖角本身，且當事人間存在「特殊的信賴關係」，一方有特別的保護必要，則此約定可能有效，常見例子如企業併購時的風險審查，不論是本於特定風險的評估，或為了維持競爭企業（併購對象）的公平性。

　　即便如此，合法的禁止挖角協議仍然不是毫無節制：德國法普遍認為，此類協議可容許之最長期限，原則上為兩年，同時，不能超過當事人合作關係的終止，因已經失所附麗與基礎。此外，不挖角協議，如本身違反善良風俗，特別是構成不

正當的競爭，影響競爭秩序，則直接無效。通常，就算無法請求他方履行，但在可能合法有效的前提下，仍然必須符合競爭法的合法事由，才能通過檢驗，比方說，只是爲了遏止人事波動，避免挖角跳槽（所謂採櫻桃Cherry Picking），或是維持原有的薪資水準，避免哄抬加薪，都不能當作正當理由。

不論如何，禁止挖角協議對勞工都可能產生不利影響。德國法就認爲，如勞工職業生涯之持續，因此條款約定而變得困難或不可能，得向其雇主請求未盡照顧義務，或以背於善良風俗之方法加損害於他人之損害賠償，也值得注意。

（12）優惠性差別待遇

　　勞動生活中的平等，除了歧視禁止之外，還有積極的、以促進實質平等為目的之「對具歧視性指標者為更佳之差別待遇」，例如優先錄取身心障礙者，學理上多稱為優惠性差別待遇（affirmative action），社會科學界則多用積極平權方案之名詞。究其內涵，是指「附帶的、積極而正面的，超越單純廢除歧視規範、禁止歧視的措施，努力提昇與促進受重大歧視之群體的權益，目的在於建立事實上的平等」。

　　優惠性差別待遇，最早來自美國法院實務與政治推動，當時認為，單純的禁止歧視，包括成立之後的請求損害賠償，實不足以建構受歧視群體的真正平等。早期主要出現於大學入學、就業勞動領域之優惠性差別待遇，漸次受到各國重視。

　　行政院勞工委員會100年11月17日勞職業字第1000089945號函釋中，曾說明道：「有關雇主人才招聘廣告，內容刊載『歡迎二度就業婦女』等文字，或坊間甚多徵才廣告以『歡迎中高齡人士或限中高齡』為就業條件，恐造成求職人無法或不能前往應徵時，致生影響特定或不特定人就業機會之結果，已涉悖離前項就業平等原則，雇主亦構成違反本法第5條第1項規定之要件……若雇主為能達成身心障礙者權益保障法及原住民族工作權保障法等法律所定之『定額僱用』比率員額，於徵

才告示明列屬『定額僱用』員額，歡迎或優先僱用『身心障礙者』或『原住民』，以盡法定義務，尚無違反禁止就業歧視之虞」。

在這號函釋中，後半部有關法律明文之定額僱用作為優惠性差別待遇，固無疑問，惟前半部針對以「二度就業婦女」、「中高齡」作為主要招募對象，卻斷然否認作為優惠性差別待遇的可能性，認係違反就業平等，實不無商榷餘地，未必真實認識優惠性差別待遇的意涵，殊為可惜。

3.
上法院！在這之前我們應該知道的勞資爭議SOP

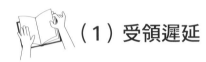

（1）受領遲延

　　勞工已經準備好上班，雇主卻拒絕，法律上應如何處理？民法第487條有所回應：僱用人受領勞務遲延者，受僱人無補服勞務之義務，仍得請求報酬。但受僱人因不服勞務所減省之費用，或轉向他處服勞務所取得，或故意怠於取得之利益，僱用人得由報酬額內扣除之。

　　簡言之，雇主雖拒絕，但勞工工資請求權不受影響，也不需事後再補原來應提供的工作，學理上稱爲受領遲延——作爲債權人的雇主，未於事先約定好的工作時間屆至之際，「受領」勞工提供勞務，可歸責於雇主，不能免除工資的對待給付義務，也不能令勞工另找時間補做，或以其他時間的加班抵充。

　　雇主構成受領遲延，沒有表面上看得那麼容易，首先，勞動契約須是有效、且得以履行之狀態，如契約終止、罷工或鎖場時都不算，再者，勞工必須有給付能力，如勞工生病、遭有關機關拘禁中、處於如分娩等禁止工作狀況下，都不能認定爲有給付能力。接下來，不但有給付能力，還要有已提供給付之準備，而且是事實上「依約」提出，例如在正確的時間、地點與按照正確的方式，出現且準備好，只有在某些例外，如雇主事先說「請不要來」或沒有提供必要的協力措施，勞工才可僅

上課了！勞動法50+

以口頭提出給付，無須親臨現場。

　　最後，雇主確實沒有受領勞務，才能完整構成受領遲延，換言之，必須勞工先有工作義務，且客觀上可期待雇主受領，方足當之，如勞工還在休假中，或無法期待雇主受領－如雇主因不可歸責於己因素，天災、事變，無法提供必要的協力，則既無受領可能，亦不成立受領遲延，此時，便有可能形成不可歸責於雙方之給付遲延或給付不能，依民法規定，效果可能就是雙方互免：勞工既不必工作，雇主也不用給付工資，除非，我們再試圖用企業危險理論去重新分配風險，這又是另外一個有趣問題了。

（2）不能勝任工作

　　勞動基準法第11條第5項規定，如勞工對於所擔任之工作確不能勝任，雇主可以終止契約，學理稱為「本於勞工個人事由之解僱」，不能勝任原因來自於勞工，但不可歸責於勞工，跟懲戒解僱不同。

　　講到不能勝任工作，前提是要確定，勞工應負之給付義務為何？德國聯邦勞動法院在1991年的判決中說，如勞工的表現已「低於1/3」，所謂Low-Performer，那就構成「不可期待雇主接受的較差給付」，法律上來說：勞工之勞務，相對於雇主有權之同等價值期待，已經低到無法期待雇主繼續接受，且無從期待，未來得以重建「給付與對待給付的同等價值」，而且此較差給付，又不可歸責於勞工。勞工必須做，他該做的，而且必須做好，他能做的，一旦無法辦到，而且又無法歸責於己，不能期待雇主繼續接受，那就是勞動法上所說的不能勝任工作之解僱。

　　本於勞動契約，特別是考量特定專業上、於合理裁量暨各該產業部門向來之狀況、交易習慣等（例如教育界、某種類型之教師，一定年資與程度），可以梳理出勞工應承擔之任務，而說勞工有「個人通常給付」義務，所謂「事實上具備符合勞動關係所定種類特徵之中等品質」，但必須依「勞工個人主觀

之給付能力」。並非勞工沒有盡到，就一定可以終止契約，還要四個步驟檢驗：勞工缺乏資格能力而且未來也會如此的負面預測；對雇主產生具體的生產或經濟之侵擾影響；雇主缺乏繼續僱用的可能性（例如轉調其他工作之不可得），最後，再做雙方之利益衡量。

　　常見不能勝任工作的樣態如：勞工罹患愛滋病、酒癮與藥癮、達一定年齡、外國人無工作或居留許可、工作外行為（如下班後犯罪）、欠缺執業許可、施壓解僱、特殊情況下之結婚或離婚、欠缺特定資格、信仰與良心之決定、生病、過去從事侵害人權之國安活動、不良或較差給付、服刑與羈押、嫌疑解僱、勞工積欠債務、移工應召回國服役等，不一而足。

（3）法院的勞資爭議調解

在勞資爭議解決上，除一般法院裁判外，尚有調解。性質上雖類似和解，雙方以自由意志決定是否讓步、能否達成合意，但加入調解人或調解委員會，由其居間主持並提供調解方案，供雙方考量是否接受，終局地解決紛爭。

除勞資爭議處理法的調解外，今年甫施行的勞動事件法，亦引入勞動調解程序，主要仿效日本勞動審判制度、以及德國勞動法院調解制度，考量勞動事件特殊性的功能需求下，雖不逸脫「當事人自治解決爭端」的制度基礎，但賦予調解委員更多的功能性權限，而與一般調解有異。

法院的調解，明定由勞動法庭法官一名及調解委員二名，組成勞動調解委員會行之，勞動調解委員，與行政調解不同，不得由當事人兩造自行選任。調解程序上，仿效日本法，調解期日應於30日內指定第一次，同時以三個月內最多三次期日終結為原則，同時督促當事人儘早提出事實及證據，除有不可歸責於己之事由外，應於第二次期日終結前為之。勞動調解委員會應聽取當事人之陳述、整理相關之爭點與證據，適時曉諭當事人訴訟的可能結果，並得依聲請或依職權調查事實及必要證據，對於調查所得之證據，應使當事人及知悉之利害關係人有到場陳述意見的機會，這些都是制度上希望增進調解效能的配

套設計。

　　在方案的提出上，分為兩種類型：首先是兩造合意之酌定調解條款，其次是當事人不能合意時，由勞動調解委員會依職權斟酌一切情形，並求兩造利益之平衡，於不違反兩造之主要意思範圍內，提出解決事件的適當方案，對此方案，容任當事人及利害關係人提出異議，並須於送達或受告知日後10日不變期間內提出，否則視為調解成立。吾人皆可觀察出此一「引導下之調解程序」的基本走向，揆諸日本與德國經驗，法院勞動調解作為主要解決之途徑，此規範設計當有其必要。

（4）施壓解僱

　　施壓解僱，指第三人以將可能形成對僱主不利益為由，施壓僱主解僱特定勞工，換言之，不是僱主自己想解僱勞工，而是來自於第三人的壓力，使之不得不為。

　　施壓的第三人，可能是其他共同工作的同事，客戶，僱主的定作人、供應商，德國個案上，甚至出現過由勞方的利益代表組織——員工代表會，要求僱主解僱特定勞工，典型案例如「具威權領導性格與作風之主管」，被下屬集體施壓僱主將之解僱。實務上區分為真正的、非真正的施壓解僱：如僱主客觀上本得以勞工不能勝任工作或可歸責於勞工而解僱，第三人之施壓僅為「偶然的背景」，或只是動機，則屬非真正施壓解僱，法律上來說，第三人之施壓並不重要；相對的，如客觀上不具充分之解僱事由，僅因第三人施壓，則屬真正的施壓解僱，兩者不能相提並論。

　　此時，如客觀上缺乏足夠解僱事由，如勞工未有重大違失行為，則僱主應努力保護該勞工，並試圖為其排除來自第三人的壓力，但如僱主之努力未果，情勢進一步升高，發生諸如其他同事拒絕與當事人共同工作，發動罷工或威脅集體請辭以施壓，或有交易往來之客戶已表示將斷絕原有之商業往來，在德國司法實務上，認應可構成解僱的理由。須注意的是：如導致

　上課了！勞動法50+

解僱之壓力狀況，係可歸責於雇主，則不得援引爲由而主張勞工不能勝任工作，在此，如解僱仍屬不可避免，則終止契約雖合法，勞工仍得向雇主請求損害賠償，兩者分開處理。

在某些個案中，勞工甚至有向該施壓之第三人請求侵權行爲損害賠償之機會。附帶爭論：眞正的施壓解僱，究竟爲企業經營事由的經濟性解僱？抑或勞工不能勝任工作的解僱？德國實務上向來主張前者多，然而，雇主之所以解僱，原因仍在於「不可歸責於勞工之事由」，而與企業經營之純雇主面向，至少沒有直接關聯，似應以勞工不能勝任工作之類型視之，較爲正確。

（5）勞動習慣

　　2020年1月起施行《勞動事件法》，有兩個條文出現「勞動習慣」：第2條，明定基於勞動習慣所生民事上權利義務爭議，屬勞動事件，得進入勞動專業法庭審理；第50條明文，如勞工認雇主之調動違反勞動習慣，可向法院聲請定暫時狀態保全處分，讓法院令雇主依調動前原工作繼續僱用，當然，必須雇主沒有顯然的重大困難。

　　這是我國勞動法制上第一次出現「勞動習慣」，也是惟二法律，另一為《保安處分執行法》規定之強制工作，務使犯罪人「養成勞動習慣」。

　　法律沒規定，契約也無著墨，但現實上，雇主經常會自願給予勞工某些利益，常見如免費停車場，私人用途的上網，放多餘的假，賦予重新僱用的請求權，特定勞工排除一般解僱，雇主指示工作內容、地點、範圍、工時狀態、排班等，各式各樣特別給與——聖誕節金、年終獎金、久任或忠誠獎金津貼、第13個月工資、紅利、業績獎金，企業自願退休金、單身赴任補償金、交通津貼、輪班津貼、教育訓練津貼，提供交通接送等，不一而足。之所以形成學理上「雇主自願的、單方的、不帶保留的、規律而反覆數次地對勞工為給付」勞動習慣，重點是讓勞工擁有請求權，也就是說：雇主未來不能援引給付的自

願性質，而變爲有拘束力，除非勞工同意變更或消滅。

　　德國勞動法學者說：勞動習慣是勞動法永遠之謎，因爲沒有人眞的知道，什麼樣的自願給付，會在什麼時間點——德國法院認型誕節金，至少要連續三年共三次以上，量變帶來質變，從自願性給付變爲勞動習慣。有人主張是企業習慣法，有人認勞工只要接受、就變成契約內容，有人則想到是與契約無關的信賴責任，不論如何，勞動習慣明文於我國法律，未來有待觀察實務發展，它無疑會變成一個新興的爭議類型。

（6）勞資爭議處理

　　勞動法上之勞資爭議處理，是指有關勞動關係之權利義務，發生內容與行使上之爭議，在勞雇直接協商以外，於企業內或企業外，所建置之不同處理機制。

　　企業內常見的形式是申訴，性質上較接近「雇主自我內部審查機制」，雖然常有員工代表加入。企業外則有兩類：一是非正式途徑，例如由工會代表勞工而與資方進行協商，另一則是正式途徑，包括行政上的勞資爭議處理，例如勞資爭議處理法之調解、仲裁，或可加上協調，以及專責處理不當勞動行為的裁決，再者則為司法上的勞資爭議處理，亦即訴訟前之法院調解與司法審判。

　　在前述處理手段中，只要是協商或調解，性質上皆屬雙方當事人的和解，即便有中立調解人主持，仍非公權力單方決定，如雙方讓步而達成一致，則可具有雙方合意之契約或團體協約效力。其他的仲裁、裁決與司法裁判，均屬公權力的單方決定性質，秉持依法行政與依法審判，除仲裁可審酌雙方利益外，其他均屬針對合法性之直接判定，也都有不服之救濟途徑，雖然具有確定判決效力的仲裁判斷有所不同。

　　勞資爭議處理法第2條但書明文：「但教師之勞資爭議屬依法提起行政救濟之事項者，不適用之」，然本條應作目的性限

縮解釋，所謂之行政救濟，應僅限於針對教師之行政處分，使之依循教師法所規定之申訴與訴願程序，藉此與一般勞工適用之勞資爭議處理機制分流，其他機制則毫無疑問的同樣適用，例如攸關教師團結權保障的不當勞動行為裁決制度。

（7）勞資爭議類型

　　關於勞動爭議，可分為權利事項與調整事項之爭議。依勞資爭議處理法第5條第1項第2款，權利事項之勞資爭議，係指勞資雙方當事人基於法令、團體協約、勞動契約之規定所為權利義務之爭議，簡言之，只要是本於不同之勞動法法源，不論是國家法令、團體協約、其他集體性協議、勞動契約，甚至學理上所稱之企業習慣或整體承諾，只要是「既存、既有」之權利義務，發生未完全履行之爭議，則均屬權利事項之勞資爭議。

　　此類爭議的目的，在於貫徹權利義務，因此應依國家司法處理程序予以救濟，勞資雙方不得行使爭議行為手段以求貫徹。

　　相對的，同條項第3款對調整事項作有明文，只要是勞資雙方對於勞動條件主張繼續維持或變更之爭議，也就是未來的利益爭端，即與權利事項不同，由於並無現存請求權基礎，所以除透過調解等協商解決外，法院無法加以決定，換言之，只能「制度性自力救濟」，亦即雙方得罷工或為其他爭議行為，迫使社會對手屈服，達成自己的訴求與主張。

　　關於教師，請注意法律特別規定：如屬於得依法提起行政救濟的事項，恐怕就不放入前述的概念脈絡下去處理，而如果是調整事項，由於教師工會被禁止罷工，則僅能申請仲裁，或行使罷工以外的其他爭議手段了。

（8）給付拒絕權

　　勞工有依勞動契約本旨為一定勞務履行的義務，如果拒不工作，可成立債務不履行，不但違約，喪失雇主薪資的對待給付請求權，嚴重的話甚至可能成立解僱事由。然而，在某些情形，勞工拒絕自己之勞務提供，不但不被認為是違反契約，而且得以繼續保留工資請求權，不容雇主以勞工未工作為由而不付，學理上稱為給付拒絕權。

　　給付拒絕權有幾種可能情況：首先是同時履行抗辯權，它以雇主先違反契約上義務為前提，針對勞工已得請求之義務履行，雇主沒有遵循，此時勞工可憑藉自力，催促雇主為符合契約的行為，最常見的就是雇主沒有依約給付薪資，當然，依誠實信用原則，雇主未給付薪資額度與勞工之拒絕工作間，必須合乎比例。如雇主財力明顯惡化，可預見之未來將極可能陷入無法付薪的窘境，則勞工亦可行使不安抗辯，拒絕工作，再者，如雇主未遵守勞動保護法令，違背其保護照顧勞工的附隨義務，到達明顯重大程度，勞工也同樣可以不提供勞務，這都是同時履行抗辯、也當為給付拒絕權的樣態。

　　相對的，如雇主並未違反契約上義務，但產生勞工的義務衝突，也就是在某些情況下，相較於工作將帶給雇主的利益，或是考量勞工自己的良心與信仰，實在無法期待能夠依約工作

時，亦得拒絕提供勞務，但因雇主沒有違約在先，所以不能行使同時履行抗辯權，學理上歸之為其他給付拒絕權，最常見如職業安全領域的退避權。

我國職業安全衛生法第18條第2項說：勞工執行職務發現有立即發生危險之虞時，得在不危及其他工作者安全情形下，自行停止作業及退避至安全場所；在此，勞工仍得請求工資給付，而且雇主不得對之為其他不利對待。在實務上，經常發生雇主積欠薪資一段期間，或違反攸關勞工生命身體安全之法令情事，勞工對此都有權拒絕提供勞務，也不會喪失原有的工資權利。

# （9）嫌疑解僱

　　如果勞工陷入相當的嫌疑，讓雇主懷疑有重大的違反義務之行為，特別是刑事犯罪，使雇主蒙受重人的損害，雖然此時還是嫌疑，尚未完全確定，則此時如雇主將之解僱，即勞動法學理上所稱的嫌疑解僱。

　　常見樣態如勞工對雇主、同仁或第三人之生命、健康、財產或占有等，有已產生危害之嫌疑，或對雇主值得保護之利益，已因違反契約之行為而生重大且持續之侵擾嫌疑者，皆屬之。

　　以我國及德國實務觀察，例如以下之事實，都是這裡說的嫌疑解僱：勞工於進行採購時涉嫌接受賄絡，涉嫌猥褻同仁之幼女，工作時間內於辦公室故意暴露下半身（暴露狂），故意製造意外以損害雇主原本得享有之主義務保險，賭場荷官故意圖利於賭客，於公司停車場竊取手機，於自家航空公司偽登不真實之飛航里程數，店員竊取店內財物，銀行行員侵佔客戶金錢，員工性騷擾客戶。請注意區分「勞工有已違反義務之嫌疑」以及「勞工已違反義務」，前者才是這裡說的嫌疑解僱，屬於勞工確不能勝任工作之「不可歸責於勞工」的解僱，我國勞動基準法第11條第5款，後者則為純粹懲戒、本於勞工行為事由之解僱，勞動基準法第12條第1項第4款，兩者截然不同。

既然尚未完全確定，卻可以解僱，重點在於，雇主對繼續勞動關係，已經喪失「必要的信任」，在此，必須是勞工具體的、時間空間明確的客觀事實（幾月幾日涉嫌做了什麼具體的行為），方可拿來作為解僱事由，不能只是主觀臆測或聯想，同時，雇主必須盡其可期待之努力來調查與釐清事實，並給予勞工陳述意見、抗辯之機會。

　　解僱合法與否之關鍵，雖然在於「雇主信任是否受到未來不可期待恢復之破壞」，但不代表形成勞工嫌疑之事實，完全不重要，或有某些事實，本身就構成足以解僱勞工之嫌疑。例如，檢察官已開啟刑事偵查程序、第三人提起告訴、法官已簽發搜索令或發佈逮捕拘票，這些不能直接等同於「急迫之行為嫌疑」，如無其他足認破壞雇主信任的客觀事實，解僱仍然違法。

（10）解僱後的繼續僱用請求權

　　勞工遭僱主解僱，如對終止契約之合法性有爭執，得提起訴訟，請求法院判決僱主解僱違法，雙方間勞動關係並未消滅。

　　此解僱保護訴訟向來爭議大，難以迅速解決，等待終局判決出現，可能要三年五載，勞工此時面臨抉擇：要不全心全意打官司，但生計何來？失業所造成之就業能力停滯及其他問題又如何是好？要不一邊訴訟一邊工作，惟如此一來，不但有勝訴後扣除中間收入問題，再者，只要另有他就，則勝訴後回去之機會將更形渺茫。為求兩全，滋生所謂「定繼續僱用暫時狀態處分」的保全，即勞工聲請法院做出處分，命僱主在訴訟期間內，應繼續僱用勞工至法院做出最後判決止。如勞工勝訴，自然繼續僱用，如敗訴，則當然消滅。

　　此學理所稱繼續僱用請求權，我國法有兩個路徑：一是民事訴訟法第538條第1、2項：「於爭執之法律關係，為防止發生重大之損害或避免急迫之危險或有其他相類之情形而有必要時，得聲請為定暫時狀態之處分」，在此，「為防止發生重大之損害或避免急迫之危險」，為法院准許與否的關鍵，勞工必須釋明，為何不先繼續僱用，會造成他重大的損害或急迫的危險。另一則是勞動事件法第49條第1項：「勞工提起確認僱傭關

係存在之訴，法院認勞工有勝訴之望，且雇主繼續僱用非顯有重大困難者，得依勞工之聲請，為繼續僱用及給付工資之定暫時狀態處分」，此時的核心為「雇主解僱顯然違法（勞工有勝訴之望）」、「雇主繼續僱用是可以被期待的」。

實務上，前者非常困難，因為無法圓滿說明，為何不先讓勞工回去上班，會造成什麼樣的重大損害或急迫危險；沒有薪水嗎？法院說：保全工資債權，假扣押，便已足夠，無須命繼續僱用。是以，在雇主解僱顯有違法情形下，今年甫施行之勞動事件法，開啟另一較為周延且務實之路徑。

（11）罷工糾察線

罷工糾察線，是指由罷工領導者指示特定參與罷工之人，於進入工作場作之特定位置——通常是入口或鄰近區域，組織糾察線，對於不參加罷工而欲進入工作場所提供勞務之其他勞工，施予勸說，促使其支持並參加罷工；依理論與實務見解，糾察線應屬罷工必要附隨行為，甚至可解為罷工之必要內容。

2011年5月1日施行的新勞動三法，《勞資爭議處理法》第54條第1項明文：「工會非經會員以直接、無記名投票且經全體過半數同意，不得宣告罷工及設置糾察線」，是我國法律上首次規範罷工時組織糾察線的權利。法條區分罷工與糾察線，經常使人誤解，是否於工會實施罷工投票時，必須額外列上「設置糾察線」的議題？如將糾察線理解為罷工之必要內容，或至少必要之附隨行為，實毋庸如此。

罷工糾察線常被警察與法院認有強制犯行之嫌，如工會會員超越單純的勸說，例如有一定程度的封阻第三人－包括人、車、物等之進出，造成是否違法的困擾。如糾察線之設置進入公共道路、或僅是紅磚道，也常遭警察機關以未經許可的違法集會遊行論處，迭有爭論。

站在罷工權應有效行使的憲法基本權觀點，糾察線都是重要確保罷工效果之手段，應以最寬鬆、最有利於罷工權行使與確保之方向解釋與用法，方屬是論。

上課了！勞動法50+

（12）懲戒罰與契約罰

懲戒罰與契約罰，兩個勞動法上經常混淆的問題，雖然說結果可能都是扣薪。勞工違反企業秩序，具有群體意涵的性質，包括違反義務或其他不法行為，像違反禁煙規定，則對之所為警告、驅逐、譴責、記過、取消某些優惠措施或扣薪等的處罰，目的在於維護企業秩序，都叫懲戒罰。相對的，重點在於確保勞工會遵守勞動契約所定義務，顧及雇主作為債權人的個別利益，針對勞工的未履行或部分履行契約義務，根據雙方約定，雇主即得為扣薪（損害賠償）或甚至終止契約的「處罰」，則為契約罰。

兩者差異在於：懲戒罰來自於保護企業整體秩序，重在群體，關鍵在於集體秩序，而契約罰來自於保護債權人利益，重在個別、不在集體；懲戒罰來自雇主維護企業秩序所擁有的權力，契約罰來自於勞雇雙方契約約定之基礎。兩者對勞工可能造成的傷害都很大，容易形成雇主的濫權，當代勞動法學努力加以節制。

對於懲戒罰，即便理論上雇主理應擁有某種權力，但應該使之成為共同決定的事項，非由雇主任意訂定，此外不但應該揭示公布，而且必須符合明確性要求（得予懲戒之行為的準確描述）、不得違反比例原則、一定程度的正當決定程序，乃

至於得由法院審查其合法性。契約罰也不遑多讓：除類同懲戒罰的要求外，在構成要件的滿足上，必須留意，一方面勞工違反義務之行為，例如競業，必須造成「非細微的、不重要的損害」，再方面，只有在損害無法或很難證明時，方可啟動契約罰。

在理論及實務上，為了有效控制契約罰與懲戒罰，都有許多的努力，如其確實顯失公平，應對之為定型化條款的控制，比方對建教合作生的契約罰應一概禁止，約定違反者自動延長契約期限應屬違反善良風俗，不可歸責於勞工者亦不得免除契約罰（形同勞工單方面的保證責任）之約定無效，以及賠償額度上限等。

4.
ㄟ，工會都在幹嘛？
有關工會二三事

（1）新工會法下的工會組織

　　我國工會法明確規定工會型態，包括產業工會、職業工會與企業工會，除此之外，勞工不得組織其他工會，而與民主國家原則上放任，由勞工自由選擇工會型態之作法大相逕庭。

　　《工會法》第6條規定，結合相關產業內勞工組織者，是產業工會，結合相關職業技能勞工成立者，為職業工會，以社會上慣見之同一企業為單位，擴充至其上的關係企業、其下之廠場分支，只要人數在三十人以上，即均可組織企業工會。修法過程中，行政院堅持不讓教師組織企業工會，不論是以學校，抑或以同一縣市內之所有公立學校為組織區域，兩者都不容許有企業工會，使得教師成為國內得行使團結權之勞動者中，唯一被限制「只能成立產業與職業工會、不得有企業工會」的例外。

　　因職業工會利益團體的極力捍衛，新法的職業工會仍須限同一縣市區域，延續昔日保守而落伍的工會法制舊貌，但卻又開放產業工會無須受此限制，換言之，勞工當得跨縣市而成立產業工會。

　　以上所述，形成台灣獨一無二的奇特面貌與複雜法制：教師不可以有企業工會，但可以有同一縣市或跨縣市的產業工會，如果想要成立職業工會，則只能與同一縣市內的其他教師

共同組織。這無涉勞動法學理，亦無其他國家先例，完全是政策決定的結果。

（2）工會行動權 1

　　勞工成立工會，除了個人組織與加入工會的團結權外，工會本身也受到憲法與法律的保障，包括工會的存續，例如雇主不得干預而意圖使工會無法運作、甚至消滅工會，或是將黑手伸進，使工會淪爲附庸，變成俗稱的閹雞工會。

　　另一工會的重要權利，一般稱爲工會行動權，亦即工會爲達成維護及促進會員勞動條件的任務與宗旨，所有在此目的下的相當行爲行動，也同樣受到保障。有些工會行動權是攸關會員的召募與維持，例如宣傳權、召集會議權、維持工會內部紀律權與其他組織方面的權限，有些則針對雇主所行使，包括罷工權、入廠權、言論自由權、免除工作義務權（會務假）、協商權、參與工作規則制定權、推派勞工董事權等，另外亦有參與國家機關或其他特殊組織的權利，例如工會推派代表擔任國家機關特殊委員會的委員等，不一而足。

　　對於工會而言，行動權非常重要，如果雇主任意侵害，例如拒絕協商、不准工會幹部或會務人員進入職場、不讓工會招募會員、處處刁難會務假、不提供參與工作規則制定的機會、隨意剝奪工會所推派之國家機關委員資格，都當然會直接間接不當影響工會的發展與成長，甚至決定一個工會的存在意義。

　　某些工會行動權有法律明文規範，例如會務假，有些則付

之闕如，雖然都有憲法的保障，不論何者，在具體適用與解釋上，仍然有許多的爭議空間。

（3）工會行動權 2

　　民主法治國家，無一不在憲法上保障勞工組織工會的權利，歐洲人稱爲同盟自由權，日本人叫做團結權，指的是同一件事情。

　　此憲法基本權是一典型的雙重權：勞工既有組織工會、參加與從事工會活動的權利，工會本身也有存續保障、從事活動等權利，不論勞工或工會，本身都是基本權人。後者，除存續保障外，還包括工會行動權，亦即爲達提升會員勞動與經濟條件目的，工會得爲罷工、協商、其他一般行動權在內之行爲。

　　現行勞動三法，對罷工權與協商權均有一定的規範，雖有限制，但不無保障存在，然對於一般行動權，則著墨甚少，儼然實務上常見的爭執所在。從外國學理與實踐形成之規範體系觀之，一般行動權可包括以下數項：對於會員之行動權，例如召募、宣傳、舉行罷工投票，對於雇主之行動權，則可能有入廠權、會務假、言論自由等，對於形成企業內集體秩序，則或有參與工作規則協商訂定權源，最後，在針對國家公共秩序之形塑上，工會常有參與國家機關或公法人之意見與意志形成程序的權利。

　　國內法律與行政暨司法實務對工會行動權的認識太少，形成對勞工行使團結權之憲法權利的障礙；學理上所稱保障不

足、不足之禁止，是目前工會行動權的最佳寫照，亟待吾人之啟迪與實踐上之努力。

（4）淺談爭議行為

　　新勞資爭議處理法第54條第2項規定：「下列勞工，不得罷工：一、教師」，同法第5條又說：「四、爭議行為：指勞資爭議當事人為達成其主張，所為之罷工或其他阻礙事業正常運作及與之對抗之行為」，換言之，爭議行為是上位概念，包括勞方之罷工及其他阻礙事業正常運作之行為，以及資方對抗該等行為之行為。我們可得出結論：教師不得罷工，但得為其他「阻礙事業正常運作之行為」，教師之爭議權並沒有完全被剝奪，雖然說，法律再也沒有任何描述，究竟什麼是其他爭議行為。

　　理論與實踐上來看，廣義的爭議行為，係指勞工集體對個別或集體雇主，個別或集體雇主對集體勞工，為爭取工資或勞動條件之調整，或以政治性、同情性等目的，所為之對抗行為。

　　狹義的爭議行為，則專指以爭取工資或勞動條件之調整為目的之經濟性爭議行為，不包括其他。從歷史發展看來，勞方之爭議行為包括罷工、杯葛、集體休假或集體病假、有限度的拒絕勞務給付、集體行使同時履行抗辯權、順法鬥爭、集體終止契約、企業封鎖、企業佔領、遊行示威等，資方之爭議行為手段，則主要是鎖場與關廠，也包括今日極為少見之集體終止

契約。

　真的出現其他爭議行為，究竟如何判斷其合法性，將嚴厲
考驗所有的法律適用者。

（5）工會幹部會務假

　　一般俗稱的工會幹部會務假，是指「工會幹部因辦理會務，由雇主同意免除工作義務」，套用勞工請假規則或教師請假規則，連結「因公」內涵，進一步衍生為會務公假，換言之：辦理工會會務的勞工免除工作義務，但雇主不免除對待給付義務，薪水必須照給。

　　台灣是極少數法律明定會務假的國家：工會法第36條，工會之理事、監事於工作時間內有辦理會務之必要者，工會得與雇主約定，由雇主給予一定時數之公假。企業工會與雇主間無前項之約定者，其理事長得以半日或全日，其他理事或監事得於每月50小時之範圍內，請公假辦理會務。

　　看似清晰，其實仍迷障重重、晦暗不明，例如：何謂會務？工會單方認定，或雇主有實體審核權？既無約定，如何理解「得以半日／全日／50小時」？50小時作為上限，還是應該保障的下限？其他非理監事而辦理會務之會員，應如何請會務假？非企業工會的產業職業工會，如何適用本條？還是說：雇主得一概拒絕，因沒有約定存在？

　　最高法院99臺上2054號判決曾說「勞工以辦理職業工會會務為由請公假，仍須衡量其有無必要性及繁簡度，並提出相關證明文件，雇主既只就勞工實際辦理會務所需時間，始須給

予公假，雇主自有權審究該會務之實際內容是否屬實？所需辦理時間與公假期間是否相當？非謂勞工一旦以辦理會務為名請假，雇主即應照准之」；這樣的司法實務態度，無疑為會務公假的適用，更增加爭議與模糊的空間。

（6）不當勞動行為

　　不當勞動行為（Unfair Labor Practice），國內亦稱不公平勞動行為，來自美國集體勞資關係實踐，泛指雇主或代理人，例如主管，因勞工組織工會、加入工會、擔任工會職務、從事工會活動（如與雇主協商、宣傳召募會員、發表對雇主不利言論、提出違法申訴或發動罷工），所採取所有對勞工及工會不利的措施或行為。

　　關鍵在於「工會」，只要雇主對「工會」採取任何敵視性行為，不論對勞工個人，還是對工會本身，都是不當勞動行為。台灣常見的不當勞動行為，例如解僱或調動發起組織工會的勞工，以同樣手段對付積極從事工會活動的員工，拒絕與工會協商，突然拒絕代扣會費或收回工會辦公室，給予工會幹部或會員較不利待遇（如不調薪或不發獎金），甚至扶植由資方掌控之工會等。

　　依工會法第35條與團體協約法第6條規定，我國現有之不當勞動行為，包括不利益待遇、支配介入、拒絕誠信協商三種，其中不利益待遇針對個別勞工，支配介入專指對工會，至於拒絕誠信協商，保護之對象包括雇主與工會雙方，均有可能構成，是唯一工會不當勞動行為的例外。

　　我國工會組織率低落，幾僅見於國營事業與民營工業部

門，服務業甚爲少見（金融業與教師爲例外），雖原因很多，但一般公認：雇主不當勞動行爲的嚴重與難以遏止，應屬重要關鍵。

5.
團體協約是什麼？
工會可以跟老闆簽訂對勞工有利的契約嗎？

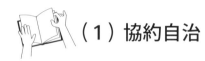# （1）協約自治

協約自治，係指勞資雙方，非經國家授權，而是本於自我形成社會生活的權限，所得享有自行規範勞動生活的自主性。簡單的說，勞資雙方都應該享有相當程度的協約自治，不受國家干預的，自主形成雙方權利義務關係，這是一自由民主國家的常態。

協約自治的最主要形式與呈現，就是締結團體協約，所以也稱之為團體協約自治。一般而言，某些勞動關係上的事項，雖然可能存在著法律規定，但性質上多為最低標準，換言之，勞資雙方原則上可透過團體協約之簽訂，集體的提高勞動條件，給予勞工更強的保障。

協約自治之重點在於：協約目的，並非國家之授與勞資雙方，完全等同於國家立法者的規範權限，而是尊重勞資雙方，使他們其依循自己之意志，自主形成權利義務。協約自治應受法秩序、特別是憲法的保障，國家不應、亦不得透過法律的制定，任意對之做不當的干預與限制，否則將有掏空憲法保障之嫌。

教師組織工會，當然享有協約自治，得跟資方締結協約，然而，教師工會一方面不得罷工，已喪失促進協約自治最重要的手段，另一方面，團體協約法第10條第2項第3款又規定：一

方當事人爲公立學校而有上級主管機關者，其團體協約應經其上級主管機關核可，過當限制協約自治，恐有違憲之虞。

（2）團體協約當事人與關係人

所謂團體協約關係人，與協約當事人有別，並非締結協約之當事人，而是各該當事人團體所屬，爲團體協約規範效力條款所適用之個別勞資雙方。

以教師集體勞資關係爲例，如締結團體協約，則簽約主體，在資方可爲教育部、縣市政府或學校，勞方則爲教師產業或職業工會，他們是協約當事人，而工會所屬之教師會員，就是協約關係人，而有協約法規範效力條款，例如勞動關係成立、勞動條件、勞動關係消滅等內容的適用問題。

在資方方面，也只有居於教師聘任契約當事人地位者，例如公立學校，才可能是關係人。集體勞動關係中，特別在台灣的教育場域，一直都有「公立學校雇主爲何」的爭論，不論在不當勞動行爲之違法主體，或協約當事人的認定上，乃至於團體協約法有關協商主體的判斷，都有「到底是學校還是教育主管機關」之疑慮。

事實上，本於公立學校特殊性，加上教育法、行政組織法雙重影響，直接指涉集體勞動範疇中，不管是作爲教師聘任契約當事人的學校，具有行政組織法上行政主體地位之縣市政府或國家，都可以是集體勞動關係的雇主，既可進行協商，可能侵害教師或教師工會之團結權，也無疑地得以締結團體協約，

受協約法規範效力條款之拘束，而作爲協約當事人與關係人，
非常明確。

（3）雇主團體

　　團體協約法第2條規定，本法所稱團體協約，指雇主或有法人資格之雇主團體，與依工會法成立之工會，以約定勞動關係及相關事項為目的所簽訂之書面契約。

　　作為勞工當事人之工會固無疑問，如縣市教育產業工會或教師職業工會，乃至於如全國教師工會總聯合會，作為雇主團體，在資方這邊，除雇主以外，如公私立學校，只要是雇主組成之團體，具備法人資格，即具協約能力，而為當事人適格。

　　從學理來看，雇主團體是否應限於同盟，也就是團體組成目的就必須與勞動關係有關，學理有相當爭論：以德國法來說，雇主團體理論上必須是同盟，是以基於不同目的，或臨時成立（adhoc）的法人或非法人團體，可能非雇主團體，應不具協約能力。相對的，我國法的規定較鬆散，只要是法人，即便是基於非同盟目的而組成，如工業總會、商業總會、工商協進會等，亦得有協約能力。

　　在教育領域，曾聽聞之一些主體，例如校長團體或縣市政府（對縣市公立學校），均非雇主團體，前者只是學校代表人的結社，後者則是行政機關（學校）的上級機關。由於集體勞動法之雇主概念與個別勞動法不同，因此得將縣市政府視為雇主，具協約能力，得締結團體協約，無須等同於雇主團體，在

私立學校，如不同私校屬同一集團，而有聯合組織的事實，可能是本法所稱雇主團體，亦可簽訂團體協約。

（4）專屬協商代表權

　　盛行於英美國家集體勞動關係的制度：專屬協商代表權，基本上是指雇主僅能與「勞方取得專屬、排他之協商代表權的工會」進行協商，換言之，雇主不能直接與任何該工會以外、其他勞工所組織或加入之工會，就有關工資、工時或其他勞動條件進行交涉，只能由取得多數地位之該工會，代表該範圍內——例如某一企業、某一學校或甚至某一縣市區域，全體工會會員而與雇主進行協商。

　　外國立法例如美國，美國國家勞工關係法第9（a）條規定「爲集體協商之目的，由適當協商單位中多數受僱者所指定或選任之代表，乃係該單位中所有受僱人關於工資率、工資、工時或其他勞動條件爲集體協商之專屬代表」。這個制度的基本作法，是當有多數工會，包括企業或產職業工會，對同一雇主提出團體協商時，必須互選出唯一一家工會，然後其他工會委任該工會代表全體的工會，再與雇主進行協商，換言之，雇主僅會面對單一的勞方工會，不論選出該具有專屬代表權之工會，是由勞方自行舉辦選舉，或必須依照相關法令所訂程序選出。

　　面對複數工會的環境，許多倡議者建議我國應考量採取美國的類似制度，一方面減少多數工會——不論其會員人數多

寡——均要求協商而造成之複雜狀況，資方面對協商要求而疲於奔命，甚至產生工會間的勞勞相爭，一方面也聚集勞方之力量於單一工會，或有助於目標之達成，但也有擔憂是否因此剝奪少數工會的實質協商權，而且選出專屬協商代表的程序負荷與產生之紛爭救濟與處理，都是另一種負擔。

　　2009年修正通過的團體協約法，在修法過程中曾有類似建議，後爲多數意見所反對，致未訂入最後修正草案中，後因複數工會越發常見與蓬勃，近來又有勞資雙方不同力量提起舊議，值得思索其優缺點，值得一提的是：歐陸國家一般無此制度，認爲少數工會亦當有完整之協商權。

（5）共同決定

　　共同決定是一主要誕生於歐洲的集體勞資關係制度。在勞工運動的歷史發展中，以勞工集體作爲主角的，在與雇主之關係上，逐漸形成對抗與合作的兩種思維、兩種路徑、兩種制度。

　　勞工行使團結權，組織工會，進行與雇主之對抗，以維護並促進勞動與經濟條件，更進一步提昇勞動者的政治與社會地位，可以採取爭議手段，以造成雇主損害方式獲取成果，制度上主要呈現是：工會、團體協約、罷工、工會行動權、不當勞動行爲救濟等。

　　相對的，法律明定勞工另一種組織形式，通常叫員工代表會「Work Council」，進行與雇主之合作，主要參與雇主之經營或管理，不再讓雇主決定一切事務，前者稱爲企業共同決定，後者則叫廠場共同決定，雖然目的亦在保護勞工，但與工會路徑不同，主要是透過法律所定不同類型共同決定權而爲之，例如資訊權、諮商權、聽證權、有限的與完全的共同決定權，員工代表會不能罷工，只能藉由協商與其他權利行使或法院訴訟來實現之。

　　除歐陸國家外，台灣是極少數有集體勞資關係雙軌制的國家，雖然未必完整：除了工會，我們有本於合作思維而建立

之勞工董事，雖幾乎全在國公營事業，在勞工參與企業管理方面，台灣亦有鬆散的勞資會議制度，只能勉強類比，無論質量都與歐陸國家有顯著的差距。在教育體系，同時併存集體勞資關係雙軌制：教師工會與教師會，前者以工會法為規範基礎，自由與對抗，後者以教師法作為依據，制式與合作，都是典型的雙軌制度設計，雖然說，在教師會的部分，可以有參酌歐陸公立學校人事代表會之詳細法律保障與權限設計的必要。

（6）團體協約之和平義務

　　團體協約當事人，應遵守和平義務，於協約有效期間內，禁止為「以意圖變更或廢除團體協約為目的之爭議行為」。

　　德國學說與實務上多認，和平義務是團體協約內在必要之內容，來自協約本質，源於協約作為和平秩序之功能，亦屬勞工對於雇主在協約上讓步的「對待給付」，從習慣法，亦能證立和平義務之當然存在，然而，亦有認為，除非雙方於協約中明文約定，否則不應承認必然有和平義務，義大利、法國、英國與美國之多數見解即為如此。

　　我國團體協約法第23條第1、2項「團體協約當事人及其權利繼受人，不得以妨害團體協約之存在或其各個約定之存在為目的，而為爭議行為」、「團體協約當事團體，對於所屬會員，有使其不為前項爭議行為及不違反團體協約約定之義務」，其中「不為爭議行為」，來自於法律明文規定，無需當事人特約，與德國法理解相似。和平義務的保護對象，係已於協約中規範之條款，是以，不得再為爭議行為之限制，必須緊密聯繫至已規範事項：簡言之，協約已有保障的勞動條件，即不得行使爭議行為來試圖加以變更或廢除，勞資雙方都一樣。在此前提下，和平義務必然是相對的。換言之，不考慮爭議行為之主張是否與協約已規範事項重疊，而是要求在協約有效期

間內一律禁止爲爭議行爲，不准罷工或鎖場，所謂絕對的和平義務，已經逾越法律規範，只能本於協約當事人自己的特約。

　　和平義務只禁止爭議行爲，不包括爭議行爲之準備，例如舉辦罷工投票，並無違反和平義務的餘地，即便已對社會對手產生壓力，理論與實務俱認：「協約當事人無要求處於一無壓力狀態下而協商之權利。」和平義務禁止主動爲積極之爭議行爲，如爲針對違法爭議行爲之對抗行爲，如勞工違法罷工，雇主鎖場以對，則不牴觸和平義務。

（7）團體協約核可

　　一般行政實務，有所謂「形成私法行為效力的行政處分」，認可，它是行政處分，作為私法行為生效要件，讓一已作成私人行為暫未生效，令行政機關考量公益或重大私益，加上一層把關，再使之生效。

　　稱為「認可」，有「必須經政府承認」意味，常見的認可，法律上常見以核可、核定或許可等文字表示，但反之，不是使用這些文字，性質就是認可，必須考量法律目的與意圖，特別是區分單純取締或效力規定，司法院釋字第726號解釋，針對勞動基準法第84條之一的責任制工時「核備」，就是一例。

　　勞資雙方所締結之團體協約，發展至今，各國一般已無「團體協約認可」設計，因為涉及有違憲之嫌「協約檢查」（Tarifzensur），在二次大戰後遭批評為違反國家中立義務，過度介入勞動領域，紛遭各國揚棄。我國團體協約法第10條第2項規定，如一方當事人為政府機關（構）、公立學校而有上級主管機關者，團體協約在簽訂前，應經其上級主管機關核可，未經核可者，無效。不免啟人疑竇：這裡的上級主管機關核可，應屬認可處分，但是否為有違憲之嫌的協約檢查？

　　政府機關（構）與公立學校，與其上級機關根本屬同一行政主體，例如縣市政府（地域法人、作為公法社團法人之

地方自治團體）或國家法人，則此「核可」是否根本不是「認可」，而是同一行政主體內部的「批准」？法律條文的瑕疵，立法目的不明與疑慮，造就實務的困擾，值得未來檢討。

（8）團體協約之界限與核可

　　團體協約，作為工會與雇主或雇主團體所締結之特殊契約，象徵著雙方集體性的形成相互關係，以調整勞動與經濟條件，歷史上雖曾有「國家授權勞資雙方」的授權理論，不過早被揚棄，學理上幾毫無異議的：團體協約來自於雙方的自主形成權限。

　　團體協約不能違法，強行與禁止法是團體協約可能的界限，除此之外，各國在二次大戰後，多捨棄往昔「協約審查」制度，也就是要求當事人簽訂團體協約後，必須先送主管機關認可，方得生效，這個作法被認為有違憲之嫌，各國已不再採取。

　　我國2011年5月1日施行之新團體協約法，亦本相同精神。然而，團體協約法第10條第2項卻規定：「下列團體協約，應於簽訂前取得核可，未經核可者，無效：一、一方當事人為公營事業機構者，應經其主管機關核可。二、一方當事人為國防部所屬機關（構）、學校者，應經國防部核可。三、一方當事人為前二款以外之政府機關（構）、公立學校而有上級主管機關者，應經其上級主管機關核可。但關係人為工友（含技工、駕駛）者，應經行政院人事行政局核可。」立法上可能有兩種選擇與解讀：這是一個行政功能法上的外部監督行為，核可為行

政處分，則實在不免有協約審查的味道，如果還能合憲，務必非常謹慎、謙抑且固守法定原則，僅限於審查協約是否違反強行法，不應涉及合理與否的合目的性，尊重當事人之原始內容為原則，不予核可必須為絕對的例外。

相反的，如是行政組織法上的內部上下監督行為，則可能可以證立兼具合法性、合目的性之雙重審查，然立法上的原意是否真的如此？是否反而造成前階段協商之無意義、非誠信？如上級機關在協商階段曾經參與——例如縣市政府教育局接受學校委託而代理協商，嗣後牴觸「矛盾禁止原則」而不予核可，則可能成立不當勞動行為或違反誠實信用之行政行為，實不可不慎。

（9）禁止搭便車條款

　　工會透過罷工或其他爭議行為，爭取所屬會員較佳勞動條件，自然希望其唯有會員獨享，第三人不應同有，即排除第三人－通常是非屬該工會會員之勞工搭便車（Free Rider）；勞工運動經驗，發動罷工等手段之工會，均企圖禁止非會員搭便車，否則如任雇主得任意給予第三人，無異鼓勵第三人不需加入工會，團結權即失其意義。

　　團體協約法第13條：「團體協約得約定，受該團體協約拘束之雇主，非有正當理由，不得對所屬非該團體協約關係人之勞工，就該團體協約所約定之勞動條件，進行調整。但團體協約另有約定，非該團體協約關係人之勞工，支付一定之費用予工會者，不在此限」，即法律上肯認該等內容條款之合法，同時帶有「支付一定費用即得例外」之但書設計，直接否定「搭便車條款侵害勞工不加入工會之消極自由」爭論。

　　該條款具債法效力，存續工會與雇主間，拘束雇主承諾不對第三人為一定行為，原則上勞工－不論是否為工會會員，均對之無請求或抗辯權，雖然學理上不無突破的努力。

　　此純屬債法效力約定，受債的相對性拘束，本得自由約定，如違反，亦僅生一方——雇主，違反約定內容問題，產生契約責任如損害賠償；對團體協約法第13條正確解釋，並非僅

有團體協約方得爲此約定，而是雙方之契約行爲均可爲之，同樣的，團體協約亦可，不可將之理解爲團體協約專屬，進而得出「非團體協約不得約定禁止搭便車」之錯誤結論。

國家圖書館出版品預行編目資料

上課了！勞動法50+／林佳和 著. --初版.--臺北
市：全國教師工會總聯合會，2024.7
　　面；　公分
ISBN 978-626-98765-0-1（平裝）
1.CST: 勞動法規
556.84　　　　　　　　　　　113008435

上課了！勞動法50+

作　　者　林佳和
校　　對　陳少傑、楊上慧
發 行 人　侯俊良
出　　版　全國教師工會總聯合會
　　　　　10452台北市中山區民權西路27號2樓
　　　　　電話：（02）2585-7528
設計編印　白象文化事業有限公司
　　　　　專案主編：陳逸儒　經紀人：徐錦淳
經銷代理　白象文化事業有限公司
　　　　　412台中市大里區科技路1號8樓之2（台中軟體園區）
　　　　　出版專線：（04）2496-5995　　傳真：（04）2496-9901
　　　　　401台中市東區和平街228巷44號（經銷部）
　　　　　購書專線：（04）2220-8589　　傳真：（04）2220-8505
印　　刷　基盛印刷工場
初版一刷　2024年7月
定　　價　200元

白象文化　印書小舖　出 版 · 經 銷 · 宣 傳 · 設 計
www.ElephantWhite.com.tw
自費出版的領導者　購書 白象文化生活館